AF481668

LOS MISTERIOS
DEL ROSARIO

EDICIONES UNIVERSIDAD CATÓLICA DE CHILE
Vicerrectoría de Comunicaciones
Av. Libertador Bernardo O'Higgins 390, Santiago, Chile

editorialedicionesuc@uc.cl
www.ediciones.uc.cl

LOS MISTERIOS DEL ROSARIO

José Miguel Ibáñez Langlois

© Inscripción N° 2021-A-9058
Derechos reservados
Septiembre 2021
ISBN 978-956-14-2876-8
ISBN digital 978-956-14-2877-5

Diseño:
versión productora gráfica SpA

Impresor:
Andros Impresores

CIP – Pontificia Universidad Católica de Chile

Ibáñez Langlois, José Miguel, 1936-, autor.
Los misterios del rosario / José Miguel Ibáñez Langlois.

1. Virgen María – Culto.
2. Rosario.
3. Jesucristo – Persona y oficios.
I. t.

2021   242.74 + DDC23   RDA

LOS MISTERIOS DEL ROSARIO

José Miguel Ibáñez Langlois

EDICIONES UC

Índice

El rezo del rosario

EL ROSARIO SE CUENTA entre las oraciones vocales más comunes de los fieles católicos. Es una devoción tan popular, que hasta los niños pueden rezarlo, sobre todo en familia. Y sin embargo, esta oración ha estado siempre ligada a los grandes acontecimientos de la historia durante los últimos mil años.

Recomendada por Papas, por santos y por autores espirituales, fue la propia Virgen santísima quien pidió a los pastorcitos de Fátima: «Rezad diariamente el rosario», para rogar sobre todo por las mayores necesidades de la Iglesia y del mundo, tan dramáticas en esa segunda década del siglo pasado, pero que hoy, en un escenario muy diferente, no lo son menos, y quizá lo son más aun.

Es cierto que al rezar el rosario repetimos siempre las mismas palabras: las que componen el *Padrenuestro*, las diez *Avemarías* y el *Gloria* de cada misterio. Pero esa reiteración viene de un amor que no se cansa de repetir las mismas expresiones, como hacen también los amantes de la tierra. Al recitarlas habrá por fuerza un margen de distracción, debido a la imperfección de la mente humana. Ese margen no importa demasiado, si intentamos humildemente seguir rezando con pausa y atención.

La dignidad suprema del Padrenuestro viene de ser la oración que el mismo Cristo nos enseñó. La primera parte del *Avemaría* se compone de dos alabanzas dirigidas a la Virgen: la del ángel Gabriel en la Anunciación, que procede del cielo, y la de su parienta Isabel, llena del Espíritu Santo, en su Visitación. La segunda parte, agregada por la Iglesia, es una petición conmovedora que hacemos a la madre de Dios por nosotros los pecadores. Y el *Gloria* es una forma abreviada de la glorificación de las tres Personas divinas.

El rosario ha sido siempre una formidable oración de petición. Es habitual que se rece, entonces, por determinadas intenciones, las que uno quiera, sin olvidar las más universales: el Papa y la Iglesia, la paz del mundo y la integridad de la familia.

Junto con ser una poderosa oración de súplica, el rosario es al mismo tiempo una forma privilegiada de contemplación. Pues al rezarlo contemplamos los veinte misterios de sus respectivas decenas, que corresponden a veinte episodios culminantes de la vida de Cristo y de María.

Los misterios de gozo corresponden a la infancia del Señor; los de luz, a su ministerio público; los de dolor, a su Pasión y muerte, y los de gloria, a su Resurrección. Los misterios de gozo se rezan los lunes y sábados; los de luz, el jueves; los de dolor, los martes y viernes; y los de gloria, los miércoles y domingos. Así recorremos a lo largo de la semana la vida entera de Jesús, desde su concepción en el seno de María hasta su glorificación en la tierra y en el cielo.

¿Cómo ajustar la recitación de las diez *Avemarías* a la contemplación de cada misterio? Una posible forma de hacerlo consiste en introducir, entre el enunciado del misterio y el *Padrenuestro*, una breve pausa para evocar la escena correlativa, es decir, el episodio correspondiente de la vida de Cristo y de la Virgen, al mismo tiempo que se reza una pequeña oración alusiva, de preferencia bíblica: todo en forma muy breve, pero suficiente para situarnos en el episodio que enunciamos.

Y dentro del Avemaría se pueden agregar, tras el nombre de Jesús, unas palabras que aludan al misterio. Así, por ejemplo, "y bendito es el fruto de tu vientre, Jesús nacido en Belén", o "Jesús, bautizado en el Jordán", o "coronado de espinas", o "subido a los cielos"… Así se ha hecho a veces en el pasado, y no sin fruto. Estas son simples sugerencias; cada uno hará como le ayude mejor a rezar la decena teniendo a la vista el misterio que corresponda.

El objeto de esos pequeños recursos es hablar con la Virgen mientras se mira con sus ojos la escena del misterio, o se lo recuerda con su memoria cuando es ella la protagonista. Si en el curso de estos esfuerzos se enciende aquí y allá el chispazo de una imagen más viva y de un afecto más fervoroso, se habrá logrado la meta de la oración contemplativa.

Las páginas que siguen contienen una breve exposición del contenido de los veinte misterios. Las citas bíblicas van en letra cursiva. Quiera Nuestra Señora del rosario interceder por nosotros, para que el Espíritu Santo nos conceda la recitación y la contemplación fructíferas de los principales misterios de nuestra salvación.

MISTERIOS GOZOSOS

La Anunciación (s. XVII), Anónimo.

La Anunciación a María

LLEGADA LA HORA CENTRAL de la historia, Dios envió al mundo a su arcángel san Gabriel. No lo envió a un palacio de Atenas ni de Roma ni de Alejandría, sino a un humilde caserío de Nazaret, situado en un rincón marginal del vasto imperio. ¿A qué vino el arcángel? A visitar a la mujer del carpintero del lugar, llamada con el dulce nombre de María. Le traía la declaración de amor de la santísima Trinidad, que comenzó con estas palabras: *Dios te salve, llena de gracia, el Señor es contigo.*

¡Llena de gracia! Llena, colmada de gracia divina desde el primer instante de su ser virginal:

¡la Inmaculada Concepción! Pero ella, la toda hermosa, la toda santa, no se reconoció a sí misma en este saludo, porque se consideraba la pequeña esclava del Señor, y por eso se confundió con esas palabras, que la levantaban sobre toda creatura humana. Pues así la había creado el Dios omnipotente y misericordioso: más llena de gracia y de belleza que todos los espíritus celestiales.

El arcángel venía a pedirle, de parte del Padre y del Hijo y del Espíritu Santo, su consentimiento para concebir en su seno virginal al Mesías prometido, al Hijo del Altísimo, al redentor del mundo, cuyo nombre sería Jesús. Y ella, la siempre Virgen, debió preguntar cómo sería esto, pues no conocía varón, y tenía ofrecido al Señor el no conocerlo nunca. San Gabriel le explicó que esa concepción sería divina y no humana: *El Espíritu santo descenderá sobre ti, y el poder del Altísimo te cubrirá con su sombra.*

A la espera de la respuesta de María, hubo un instante de expectación en el cielo y en la tierra y en los abismos: un momento de silencio profundo, que guardó la humanidad caída, desde Adán y Eva en adelante, como suplicándole la respuesta afirmativa. Diríamos que al universo se le cortó la respiración de puro suspenso. Y tras ese momento vino prontísima la respuesta de María, que señalaba el inicio de la salvación del mundo: *He aquí a la esclava del Señor, hágase en mí según tu palabra.*

Y en ese mismo instante, *el Verbo se hizo carne y habitó entre nosotros.* ¡Dios en el mundo, Dios que ahora es uno de nosotros! El Hijo eterno de Dios empezó a germinar, hecho hombre, en este nuevo templo y sagrario suyo que eran las entrañas virginales de María. Allí, como todos nosotros durante nueve meses, día tras día y hora tras hora, le daba su madre amorosamente de su carne y de su sangre, las mismas que serían inmoladas en la cruz por nuestra redención. ¡Jesús, hijo de María, sé para nosotros siempre Jesús!

La visitación de María a su prima Isabel. Libro de las Horas de Jeanne d'Evreux, reina de Francia (ca. 1324-28), Jean Pucelle.

La visita de María
a su parienta Isabel

MARÍA, JOVENCÍSIMA, viaja por las montañas de Judá a la casa de su parienta Isabel, de avanzada edad. María, portadora de Cristo Dios en su seno, viene a ayudar a Isabel, portadora de Juan Bautista en el suyo. El ángel de la Anunciación le había contado que su parienta estaba ya en el sexto mes, y ella prevé que esa anciana, aunque embarazada por prodigio divino, no podrá valerse por sí misma en los meses venideros. Además, la compañía de otra mujer es la adecuada en ese trance.

Y por este imperativo de caridad, la madre de Dios ha renunciado a quedarse en Nazaret, donde habría permanecido sosegada, quietísima, en profunda contemplación del misterio de la Encarnación, y más aun, recogida en sí misma, en apacible y tierna adoración del Dios que ya crecía en el tabernáculo de su propio cuerpo. Pero no: lo primero es lo primero. El olvido de sí mismo y el servicio del prójimo, sobre todo del más necesitado, nos lo grabará María a fuego en nuestras almas, si se lo suplicamos.

En cuanto María saluda a Isabel –con qué dulce y encantadora voz–, el Bautista, como temprano precursor del Mesías, salta y baila en las entrañas maternas: reconoce a su Señor gozosamente. Confiesa Isabel: *Tan pronto como tu saludo llegó a mis oídos, el niño saltó de gozo en mi seno.* ¡Cómo iba a estarse quieto ante la presencia del Hijo de Dios! Esta maravillosa comunicación entre vientre y vientre materno bautiza al Bautista: lo santifica antes de nacer.

Al saludo de María responde Isabel, llena del Espíritu Santo, no con un susurro sino con un fuerte clamor, que seguirá resonando en nuestras voces a través de los siglos: *¡Bendita tú eres entre todas las mujeres, y bendito es el fruto de tu vientre!* Y más llena aun del Espíritu Santo, que es su Esposo, María exclama: *Mi alma engrandece al Señor, y mi espíritu se regocija en Dios mi Salvador.* Y luego, con suprema humildad: *Bienaventurada me llamarán todas las generaciones.*

Es lo que hacemos en el rezo del rosario. Nuestra recitación del Avemaría, aunque repetida con amor incansable, no puede ser consciente de cada palabra que decimos, una por una, y una y otra vez, por la debilidad de nuestra mente. Pero tampoco deberíamos repetir maquinalmente esas maravillosas palabras venidas de lo alto: *¡bendita tú eres entre todas las mujeres…!* Porque con gozo queremos llamarla bienaventurada —como ella predijo— de siglo en siglo, de año en año, y ¡ojalá! de día en día: *¡y bendito es el fruto de tu vientre, Jesús!*

Nacimiento de Jesús, Claude Gillot.

El nacimiento del Hijo de Dios en Belén

SE HABÍA DECRETADO un censo de la población, y todos los judíos debían inscribirse en su lugar de origen. A José, como descendiente del rey David, le correspondía hacerlo en Belén. Hacia allá partió José desde Nazaret, con María que estaba cerca de dar a luz. Las condiciones de ese viaje eran arduas, pero ellos nunca reclamaron de la Providencia un trato especial por ser quienes eran, y tampoco lo reclamarán cuando, poco después, tengan que huir de noche a Egipto con el Niño a la carrera.

A María sobre un asno y a José como conductor, debió resultarles sumamente penoso aquel trayecto de cuatro jornadas. Y más penoso aun fue que al llegar no encontraran alojamiento: la posada estaba repleta. Buscando y buscando fueron a dar, en las afueras de la ciudad, con un establo excavado en la roca, sucio y maloliente. Era solo un establo rudimentario, pero por lo menos ofrecía intimidad. Y allí, ¡allí!, la Virgen *dio a luz a su hijo, lo envolvió en pañales y lo reclinó en un pesebre.* ¡El Hijo de Dios no está entronizado sobre los ángeles del cielo, sino que da sus primeros vagidos en un cajoncillo donde comen las bestias!

Con un amor indecible, María abrazó al recién nacido como a su hijo y lo adoró como a su Dios. Lo llenó de besos como hace la madre con el fruto de sus entrañas, y lo adoró como una creatura a su Creador. Admirable conjunción, que correspondía a Cristo como verdadero Dios y verdadero hombre. María lo arrulló para adormecerlo, le dio el pecho, lo abrigó con pañales, y a la vez humildemente le rindió culto como el Unigénito del Padre. ¡El Niño Dios, el Dios Niño, la madre de Dios!

También José abrazó al Niño, lo besó tiernamente y lo adoró con profunda reverencia. Y ahora nos lo pone en nuestras manos, y nosotros —porque la Virgen nos hace señas de hacerlo— nos atrevemos a besarlo, como hermanos al hermano pequeñito, y como pecadores a su Salvador. Y no terminaríamos nunca de hacerlo, si no nos recordaran su turno los pastores de las cercanías, llamados por un ángel a adorarlo. Y todos juntos, apiñados en torno al pesebre, oímos el coro celestial que canta: *Gloria a Dios en el cielo, y paz en la tierra a los hombres amados del Señor.*

Así iniciaba su andar en la tierra el Rey de reyes y Señor de señores: no en el más fastuoso de los palacios, sino en un establo donde solo nacen y comen los animales. Y así nos proponemos vivir nosotros para seguir sus pasos: sobria y templadamente, sin crearnos necesidades, y más inclinados a compartir nuestros bienes con los que carecen de ellos, que a disfrutarlos con voracidad.

La presentación de Jesús en el Templo. Libro de las Horas de Jeanne d'Evreux, reina de Francia (ca. 1324-28), Jean Pucelle.

La presentación del Niño en el templo

LA LEY DE MOISÉS ESTABLECÍA que todo primogénito pertenecía a Dios, y debía ser rescatado con una ofrenda. Los pobres, como María y José, podían hacerlo con un simple par de tórtolas. Esta ley, como tantas otras de la antigua alianza, quedaría obsoleta después de nuestra redención (¿rescatar al que nos rescata, redimir al redentor del mundo?). Pero entretanto María y José fueron obedientes a la ley, a toda ley justa, como no siempre lo somos nosotros.

A un anciano llamado Simeón, el Espíritu Santo le había revelado que no moriría sin haber visto al Mesías, y su vida era una espera apasionada de ese momento. El mismo Espíritu lo condujo al templo en la hora precisa de ser presentado allí el Niño. Y lleno de gozo lo tomó en sus brazos, diciendo: *Ahora, Señor, ya puedes dejar partir a tu siervo en paz, porque mis ojos han visto tu salvación.* ¿Podemos nosotros decir algo así al Señor, como si estuviéramos ya purificados y listos para partir a la casa del Padre? En verdad, no. Pues entonces purifiquémonos, porque el tiempo es breve y, jóvenes o viejos, todos tenemos los días contados.

Dijo Simeón a María: *Este niño será un signo de contradicción, y a ti una espada te atravesará el alma.* ¿Qué signo es este, y cuál esta espada? El signo es la cruz de Cristo, y la espada es el dolor que al pie de la cruz sufrirá María. Nos conmueve pensar que, desde este momento y durante treinta y tantos años, ella llevará clavada en el corazón esa profecía: ella tendrá ante sus ojos una oscuridad que, en su momento, se convertirá en las tinieblas del Gólgota. Por decirlo así, ella llevará el alita herida, ella será desde temprano nuestra madre dolorosa.

María *se admiraba* de estos y de todos los acontecimientos de la infancia de Jesús, y *los guardaba en su memoria, ponderándolos en su corazón.* Recordar, admirar, ponderar: esta conducta suya nos señala de manera privilegiada en qué consiste la vida interior, en qué consisten la oración mental, la meditación y la contemplación. A ellas se oponen nuestra disipación, nuestros afectos desordenados, y el vivir pendientes de exterioridades superfluas.

En buena medida nuestra oración, como la de María, brota del asombro y de la admiración del misterio de Cristo: de sus palabras, de sus acciones, de su Pasión y Resurrección. Orar es saborear con sosiego los episodios que leemos en el santo Evangelio. Si la pedimos con fe, el Espíritu Santo nos concederá, por intercesión de la Virgen, la gracia singular de la oración contemplativa.

Cristo entre los doctores (1590–ca. 1620), Anónimo.

El Niño perdido y hallado en el templo

JESÚS TENÍA DOCE AÑOS cuando lo llevaron sus padres a Jerusalén, a la fiesta de la Pascua. Y allí se les perdió. Precisemos: no se extravió, sino que se fue resueltamente al templo sin decirles nada. Ellos no se dieron cuenta de su ausencia hasta el momento de regresar, porque había muchos conocidos y aun parientes en la caravana, y cuando esta emprendió el retorno a Galilea, fue allí donde lo buscaron, suponiendo que estaría con gente amiga. Pero no estaba, no estaba por ninguna parte. ¡Jesús desaparecido! Imaginamos su espanto.

Entonces regresaron a Jerusalén, y comenzaron por toda la ciudad una búsqueda cada vez más angustiosa, que duró tres interminables días. Oh Dios santo, ¿pero dónde puede estar el Niño? Por fin *lo encontraron en el templo, sentado en medio de los doctores de la ley, escuchándoles y haciéndoles preguntas. Todos los que lo oían estaban asombrados de sus respuestas. Al verlo, María y José se maravillaron.* ¿De qué? Seguramente de la precocidad y sabiduría de Jesús, como todos.

Y los dos sintieron un inmenso alivio, pero también la sorpresa dolorosa de que no les hubiera dicho dónde iba: nunca lo había hecho. Entonces a María le brotaron del corazón estas palabras de madre afligida: *Hijo, ¿por qué nos has hecho esto? Mira cómo tu padre y yo, angustiados, te andábamos buscando. Y él les dijo: ¿Por qué me buscábais? ¿No sabíais que debo ocuparme de las cosas de mi Padre?* Aquello no era una excusa; casi se parecía más a una reprensión.

En estas palabras, a Jesús adolescente le salió de pronto el Dios que era, el Hijo eterno del

Padre de los cielos, que estaba infinitamente por encima de sus padres de la tierra. Viniendo del Niño, aquello fue tan inesperado, que María y José, aun estando en el secreto de su identidad, no pudieron evitar una repentina conmoción de desconcierto y perplejidad. Tenía doce años, era su niño, y de súbito se les presentaba como el Dios hecho hombre, que se refería a su Padre como solo él podía hacerlo.

Pero ellos no comprendieron la respuesta que les dio. Y sin embargo, su fe era tan enorme, que ellos entendieron que no entendieran, y aceptaron rendidamente el hecho: Dios sabe más. Somos nosotros los que, al no comprender el porqué de un suceso penoso, le rezongamos a la divina Providencia, como exigiéndole una explicación. Que la Virgen nos enseñe a amar la voluntad de Dios, a sobrellevar con paz las pérdidas dolorosas que hay en la vida, y también a buscar por cielo y tierra a Jesús cuando, sin culpa nuestra, parece que se nos pierde, porque después de esa prueba él se nos da a encontrar con más intimidad que nunca.

MISTERIOS LUMINOSOS

El bautismo de Cristo (ca. 1470-1474), Artist Martin Schongauer.

El bautismo del Señor

LA VIDA OCULTA DE JESÚS en el hogar y en el taller de Nazaret ha irradiado ya la primera luz de su Evangelio: la santidad de la familia y del trabajo ordinario, que será la vocación del común de sus seguidores. Pero le ha llegado la hora de salir de la penumbra de su aldea para iniciar su ministerio público. La despedida de su madre ha sido tierna y dolorosa, porque ambos se aman sobremanera. Sin embargo, él tenía *el corazón en ascuas mientras no llegara esta hora*, ¡la plenitud de los tiempos!, la hora del anuncio del reino, y de su Pasión y muerte de cruz.

Jesús se dirige al río Jordán, donde Juan está bautizando al pueblo con un bautismo de penitencia, como preparación para recibir al Mesías. Y cuando viene el Mesías y le pide ser bautizado, Juan se confunde. ¿Yo a ti? ¿No más bien tú a mí? Pero Jesús insiste, porque ha venido a hacerse solidario de nuestra humanidad pecadora, y Juan obedece, y lo bautiza como un pecador cualquiera.

No obstante, este es más bien un bautismo al revés. Son las aguas del Jordán, y las del mundo entero, las que en contacto con el cuerpo santísimo de Jesús se harán aguas bautismales, capaces de transportar al Espíritu Santo y de lavar, con su baño de fuego, la oscura mancha de la culpa de Adán y de todos los pecados del mundo. Ocurrirá esto una vez que Jesús entregue a sus apóstoles el mandato final: *Id y enseñad a todas las gentes, bautizándolas en el nombre del Padre y del Hijo y del Espíritu Santo.*

Y en consonancia con esas palabras, en este momento las tres Personas divinas se manifiestan en el mundo por primera vez en forma visible. Cuando Jesús, el Hijo encarnado, salía del agua, el Espíritu Santo bajó del cielo sobre él en forma de paloma, y se oyó la voz del Padre que decía: *Este es mi Hijo amado, en quien he puesto mi complacencia.*

El Padre se complace, se agrada y se recrea infinitamente en Jesús. Y salvadas las distancias, es algo análogo lo que empieza a ocurrirnos a nosotros, los pecadores, una vez que el sacramento del Bautismo nos ha dejado como nuevos, nos ha hecho hijos de Dios y nos ha abierto el camino del cielo. Nuestro Bautismo es la fuente de todas las gracias que nos acompañan hasta la muerte, y con él recibimos nuestra vocación a la santidad y al apostolado. Tomar conciencia de esta vocación divina y ser fiel a ella es hacer las delicias de nuestro Padre celestial.

Las bodas de Caná (1618), Jacques Callot.

Las bodas de Caná

EN CANÁ DE GALILEA, aldea cercana a Nazaret, se celebraban unas fiestas de boda, que solían ser largas y animadas, con abundancia de comida y bebida. María estaba invitada y asistió, junto con Jesús y sus primeros discípulos. Nos fascina esta invitación: ni Jesús ni su madre eran personas ajenas a la amistad, a las amistades y a la vida social. Nos cuentan los Evangelios que Jesús asistía con frecuencia a cenas, banquetes y festejos varios.

Pero ni él ni su madre iban allí solo a divertirse, ni a lucirse y causar buena impresión en los demás, como a veces hacemos nosotros. Ellos iban a dar y recibir afecto, divino y humano, de palabra y de obra, como se vio en seguida. Empezó a acabarse el vino de la fiesta, y nadie lo notó; ni el jefe de los servicios ni los dueños de casa se dieron cuenta. María sí que lo advirtió, y de inmediato, porque ella estaba siempre pendiente de los demás, y con sus ojos puestos en las necesidades ajenas. Y por eso pudo anticipar el fiasco que se venía encima a los esposos.

¿Qué iba a hacer ella, sino recurrir a su hijo? Al instante le susurró al oído: *No tienen vino*. ¿Puede imaginarse una petición más breve y sencilla? Es la simple exposición de un hecho, llena de confianza, que nos sugiere la manera óptima de dirigirnos al Señor en nuestras necesidades: basta presentárselas, y con pocas palabras, porque él las conoce mejor que nosotros mismos.

Pero Jesús le respondió que aún no había llegado su hora de manifestarse al mundo, y en efecto, no había realizado todavía ningún milagro. Sin embargo, ella debió leer algo en los ojos de su hijo, que daba la esperanza de adelantar su hora, porque con gran fe y sin esperar de él otra señal, en el acto dijo a los que servían las mesas: *Haced lo que él os diga.* Entonces él, que no podía negar nada a su madre, tomó cartas en el asunto, ¡adelantó su hora!, y mandó a los criados llenar de agua hasta el tope unas grandes tinajas que había allí.

Fue el jefe de los servicios el primero en sorprenderse de que las tinajas contuvieran ahora un vino de calidad superior. Así manifestó Jesús por primera vez su poder. ¡Y de qué manera más encantadora!: unos quinientos litros del espiritoso líquido para alegrar la fiesta, que ya decaía. Si pedimos a Jesús con la fe de María, y hacemos lo que él nos mande hacer, no nos faltará esa alegría humana y divina —¡que también incluye fiestas!—, pero que en último término proviene de la fe, de la confianza en Dios y de la obediencia a sus mandatos.

Cristo sentado, predicando (¿1766?), Giuseppe Cades

El anuncio del reino y el llamado a la conversión

JESÚS INICIA SUS CASI TRES años de vida pública como un predicador errante, que recorre la Palestina de arriba abajo, para anunciar la buena nueva del reino de Dios y para llamar a la penitencia. Allí donde está él, en la ciudad o en el llano, en la montaña o a orillas del mar, se aglomeran las gentes en torno suyo, a veces por miles, para escucharle. Y el poder y la sabiduría de sus palabras les fascinan hasta el punto de seguirle a veces tierra adentro, donde no tienen qué comer. ¡Quién nos diera leer con el mismo fervor sus palabras, escritas en el santo Evangelio!

El reino que Jesús anuncia no es el que tantos israelitas tienen por tal. No es un reino nacional y político, que con su mesías a la cabeza vaya a sacudir el yugo romano e imperar sobre las naciones. No: su anuncio es el reino de la soberanía divina sobre los corazones humanos, sobre las inteligencias y voluntades; es el reino de la salvación y del perdón de los pecados. Ese reinado atravesará la historia, hasta culminar en la vida eterna, en virtud de la Pasión, muerte y Resurrección del verdadero Mesías rey, Jesús de Nazaret.

Tan altos son los misterios que él revela, y tan exigentes son sus imperativos morales y espirituales, que para ser entendidos debe darles la forma popular de parábolas, y para ser creídos debe ponerles el sello divino de sus milagros. Las parábolas son comparaciones o relatos sencillos, que todo el mundo puede comprender, pero tan profundos, que su sentido último no pueden agotar ni todos los sabios del mundo.

¿Quién, qué hombre pecador no se conmueve con la parábola del hijo pródigo? O ¿cómo puede expresarse el amor al prójimo de manera tan diáfana como lo hace la aventura del buen samaritano? Y si hubiéramos visto a Jesús devolver la vista a los ciegos, limpiar leprosos, calmar tempestades, o incluso resucitar muertos, ¿cómo no caer de rodillas ante el poder divino de sus milagros?

Jesús comenzó su predicación con estas palabras: *El reino de los cielos está cerca. Convertíos y creed en el Evangelio.* Convertirse y hacer penitencia es volver el corazón a Dios, una y otra vez y siempre más; es dolerse del pecado y apartarse de él; es amar a Dios sobre todas las cosas, y al prójimo como a sí mismo, y en suma, es corresponder con generosidad –¡más, siempre más!– a las llamadas divinas. Vivir en Cristo es vivir en estado de conversión diaria y permanente, y no estacionarse jamás en un determinado nivel de vida cristiana, por satisfactorio que parezca. ¡Satisfechos, jamás!

La transfiguración (1565–1608), Francesco Curia

La transfiguración del Señor

TOMÓ JESÚS A TRES de sus doce apóstoles –Pedro, Santiago y Juan–, y subió con ellos a un monte a orar. Suponemos que era el monte Tabor. Y mientras oraba, *se transfiguró ante ellos, de modo que su rostro se puso resplandeciente como el sol, y sus vestidos blancos como la luz.* A través de su figura corporal dejó translucir la gloria de su divinidad. Sería solo un destello de esa gloria, porque su resplandor pleno habría cegado los ojos humanos. Así y todo, fue como un leve pero poderoso adelanto de su Resurrección.

¿Por qué eligió el Señor a esos tres apóstoles? Porque eran ellos los tres más íntimos. Y también para fortalecerlos a la hora de la gran tentación: porque serían ellos quienes más de cerca lo verían oscurecido y desfigurado, en la terrible prueba de la agonía del huerto. Cuando llegó aquel momento crucial ¿recordaron ellos la transfiguración? Al parecer, no, como tampoco solemos hacerlo nosotros en la hora de la oscuridad. Cuando en la oración Dios nos conceda luces claras, que alegran el corazón, nos haremos el firme propósito de serle fieles y perseverantes en los tiempos del ánimo sombrío y apagado.

Sobre el Tabor se aparecieron junto a Jesús, también en forma gloriosa, Moisés y Elías, que conversaban con él precisamente acerca de su cercana muerte redentora. Entonces Pedro le dijo: *Maestro, qué bueno es estarnos aquí*. Y nosotros le decimos ahora: Señor, qué bueno es estar contigo aquí, aquí y ahora y así: así, es decir, tal como tú quieres que yo esté, con luz o con oscuridad, con entusiasmo o con decaimiento, pero siempre pegado a ti.

Todavía hablaba Pedro cuando una nube luminosa los cubrió, y una voz desde la nube dijo: Este es mi Hijo amado, en quien he puesto mi complacencia; escuchadle. ¡Habló el Padre del alto cielo! Habló a los apóstoles de viva voz por primera vez. Les habló de su Hijo amado, y les pidió que lo oyeran. ¿Qué otra cosa ha de ser nuestra oración sino oír al Padre, oír al Hijo y oír al Espíritu Santo, con el oído atento y con el corazón despierto de los hijos de Dios?

La vida cristiana se mueve entre dos polos: el Tabor y el Gólgota, el gozo y el dolor, la luz y la sombra. El Señor nos manda los gozos para que los disfrutemos con gratitud y sencillez de corazón, y las penalidades para que las llevemos con paciencia y fortaleza de ánimo. Y para que ambas cosas sean como anticipos de la futura gloria. El equilibrio del alma cristiana está en saber experimentar los gozos en el horizonte de la cruz, y la cruz en el horizonte de la resurrección.

La Última Cena (1790), Louis Lafitte

La institución de la sagrada Eucaristía

LA VÍSPERA DE LA FIESTA de la Pascua, sabiendo Jesús que había llegado su hora de pasar de este mundo al Padre, habiendo amado a los suyos que estaban en el mundo, hasta el fin extremadamente los amó. Se había hecho preparar una sala espaciosa, para comer allí con sus doce apóstoles la que llamamos última Cena, la cena eucarística, aunque sus apóstoles estaban lejos de pensar que sería la última, y más lejos aun de imaginar la inminente Pasión del Señor, que comenzaría aquella misma noche.

Con ardiente deseo he deseado comer esta Pascua con vosotros antes de padecer. ¡Cuánto le cuesta dejar a los suyos! Es cierto que les ha dejado en su memoria tesoros de vida eterna; pero la mente humana es frágil, y él sabe que estos hombres, igual que nosotros, necesitan tener sus amores en la tierra, cercanos y visibles. Y por eso, *mientras cenaban, Jesús tomó pan, lo bendijo, lo partió y lo dio a sus discípulos diciendo: Tomad y comed: esto es mi cuerpo.* Y lo mismo con el cáliz, diciendo: *Bebed todos de él, porque esta es mi sangre de la nueva alianza, que será derramada por muchos para el perdón de los pecados.*

Y en ese preciso momento su humanidad y su divinidad son como un arco de fuego, que contiene su ser entero, y que penetrando en el pan y el vino les da, ¿qué les da?, les da la substancia de su verdadero cuerpo y su verdadera sangre. En esta despedida de amor, ¡se va pero se queda! Se ha quedado con nosotros en la Eucaristía hasta el fin del mundo. Y eso durante todos los días de la historia, cuando sus ministros renueven sobre el altar —*haced esto en conmemoración mía*— su sacrificio redentor de la cruz.

Al santo Cristo de los sagrarios, al Cristo sacramentado lo tenemos siempre cerca de nosotros, lo mismo en una capillita de aldea que en una basílica, en la ciudad o en el campo o en la montaña, algunas veces acompañado y otras, ay, solo, día y noche, esperándonos durante dos mil años. ¿Para qué tanto cielo en la tierra? ¡Para nuestra adoración!

La santa Misa o Eucaristía es el manantial y la cumbre de la vida cristiana. Todos los sacramentos de la Iglesia, todos sus ministerios y sus apostolados, todas sus instituciones, así como la vida de sus millones de fieles, brotan de ese centro vital y tienden a esa meta salvífica, que es como una prenda y anticipo de la vida eterna. Nada tan grande puede hacer el hombre sobre la tierra, como presentar al Padre el sacramento de su Hijo crucificado y resucitado, haciéndose a sí mismo parte viva de esta ofrenda. Y ninguna devoción o práctica es comparable a la Misa y la Comunión frecuente.

MISTERIOS DOLOROSOS

La agonía de Jesús en Getsemaní, Giovanni Battista Tiepolo.

La oración del huerto

DESPUÉS DE LA CENA han venido al huerto de los olivos, un lugar habitual de reunión y descanso para Jesús y sus apóstoles, ahora iluminado por la luna llena de Pascua. Ocurre entonces algo jamás visto ni imaginado por ellos: el rostro del Señor se oscurece, y su mirada se pierde en el infinito, porque él *comenzó a sentir pavor y abatimiento*. Y les confesó: *Mi alma está triste hasta la muerte*, es decir, me muero de tristeza. Son sentimientos que nosotros asociamos solo al pecado o a la enfermedad.

¿Pero cómo es posible, Señor, Hijo del Dios vivo? ¿Cómo tú, siempre fuerte y sereno...? ¿Acaso es por la previsión de los tormentos que te aguardan, de las traiciones, injurias, golpes y escupitajos, y del suplicio de la muerte en cruz...? No, eso no es bastante para abatirlo. Es que ahora se le han echado encima todos los pecados del mundo, que él –el Cordero sin mancha– debe cargar en su conciencia como suyos propios: todas las abominaciones, bajezas, prostituciones, crímenes, odios, crueldades de la historia humana, desde el pecado de Adán hasta el último que se cometa en este mundo: ¡como suyos propios!

Así estaba escrito: *Él cargó con nuestras iniquidades.* Es imposible que el Verbo encarnado cometa pecado alguno. Y con todo, *a él, que no conoció pecado, Dios lo hizo pecado por nosotros.* Ese peso inconmensurable le arranca esta petición inaudita: *Padre, si quieres, haz que pase de mí este cáliz.* ¡Es como nosotros, no quiere sufrir! Sin embargo, tras unos instantes de recogimiento, eleva al Padre la oración suprema: *Pero no se haga mi voluntad sino la tuya.* Se supone que toda petición nuestra incluye esa cláusula final.

El horror de ese cáliz es tal, que postrado allí en el huerto, traspira sangre por todos los poros, gruesas gotas que caen sobre el polvo. Es un fenómeno rarísimo, que solo se da en el colmo de la angustia. ¿Y qué hace entonces? *Oraba en su agonía con más intensidad.* Se había apartado de los suyos con esta recomendación: *Orad para no caer en la tentación.*

¿Estaban ellos orando? No, sino que los encontró dormidos. Y con pena les preguntó: *¿No habéis podido velar conmigo una hora?* Pensamos en nuestros rezos adormilados y ausentes. ¡Cuántas veces hemos oído este suave reproche! ¿Cómo queremos vencer en la tentación, cómo queremos vivir con Cristo pero con tan poca oración? Así hasta que viene Judas con la tropa, Judas con su beso traidor, que nos recuerda nuestros besos de falso amor, nuestras infidelidades, nuestras promesas incumplidas. ¡Ya no más, Señor, ya nunca más!

Jesús es flagelado. Libro de las Horas de Jeanne d'Evreux, reina de Francia (ca. 1324-28), Jean Pucelle.

La flagelación del Señor

HACE YA HORAS QUE los apóstoles han abandonado a Jesús. Y son las autoridades religiosas de su propio pueblo, del pueblo escogido, las que quieren acabar con él. Lo procesan, pero no consiguen encontrar en él falta alguna para condenarlo. Entonces Caifás, sumo sacerdote aquel año, lo conjura a responder si él es el Mesías, el Hijo de Dios. Y él, con una voz de infinita majestad, con la voz del Verbo eterno, responde: *Yo lo soy, y un día me veréis sentado a la derecha del Padre sobre las nubes del cielo*. Y toda la asamblea clama: *¡Ha blasfemado! ¡Es reo de muerte!*

Pero solo la autoridad romana podía ejecutar esa sentencia. Lo llevaron, pues, ante Pilato, acusándolo de sublevar al pueblo contra el César, ¡a él, que había enseñado: *Dad al César lo que es del César*! Pilato, convencido de su inocencia, intentó liberarlo de varias maneras. Todo inútil: el populacho reunido por los sacerdotes, e instigado por ellos, no cesaba de gritar: *¡Crucifícalo!*

Entonces discurrió Pilato un recurso extremo: hacerlo flagelar, para que al verlo todo herido, ensangrentado y medio muerto, desistieran de su petición. Así, pues, los soldados lo desnudaron y, atado a la columna, comenzaron a azotarlo por turnos, cuantas veces quisieron. Esos látigos eran de cuero o de cadenillas terminadas en piezas de metal, y arrancaban a Jesús la carne viva. Los interminables golpes (¡hasta cuándo, hasta cuándo!) resonaban en el corazón de María, a punto de caer desfallecida, si no la sostuviera en pie la Magdalena.

¿Eres tú, Jesús, esa piltrafa humana que se tambalea, goteándole por todo el cuerpo su propia sangre, cuando te desamarran del pilar? Con razón un salmo profético había puesto en su boca estas palabras: *Yo soy un gusano y no un hombre.* En esa facha lo presentó Pilato a la turba: *He aquí al hombre.* Sí, he allí al verdadero hombre, a la cumbre de la excelencia humana, a la plenitud divina de la humanidad, oculta bajo el manto de su sangre redentora.

Pero el gentío no se conmovió ni tuvo lo suficiente, sino que rugía más fuerte aun: *¡Crucifícalo, crucifícalo!* Ante esa feroz insistencia Pilato se dio por vencido, y lo entregó a la tropa para el horrible suplicio de la crucifixión. *Pueblo mío, ¿qué te he hecho, o en que te he contristado?* ¿Por haberte amado tanto, nos pregunta Jesús, por haberte dado tantos tesoros de naturaleza y de gracia me tratas así? ¡Perdón, Jesús, perdón por los pecados nuestros que siguen desollando tu santísima carne a través de los siglos!

Cristo coronado de espinas (ca. 1748–72),
Giovanni Domenico Tiepolo.

La coronación de espinas

AHORA JESÚS QUEDABA en manos de la tropa, que lo acompañará con golpes y patadas, con burlas y escupitajos, hasta la crucifixión misma. *Fue entregado en manos de los pecadores.* ¿Qué manos son esas sino las nuestras, quiénes son esos que lo llevan a crucificar sino nosotros, qué golpes son esos sino los de nuestros pecados?

Esa pandilla tenía licencia para hacer con su víctima lo que se les antojara, para desfogar con ella sus impulsos más bestiales. Que sea un rey este hombrezuelo desfigurado, revestido con el traje de su propia sangre, es para ellos motivo de gran hilaridad. Y no desaprovecharán la ocasión de seguirle el juego de la realeza. Le echan encima un manto de púrpura, seguramente andrajoso: es la parodia del manto de los reyes. Y ahora se aprestan a jugar con él ese juego de tropa o de carnaval: la caricatura de los honores que rendían al emperador.

Uno de los soldados divisó por allí unas ramas de espino, y con grandes risotadas trenzaron una especie de corona: un casquete que, con las gruesas espinas hacia adentro, le plantaron sobre la cabeza, y que él llevaría puesto hasta ser clavado en la cruz. Han coronado al rey de cielo y tierra como se corona a un rey bufo que llevan al sacrificio, mientras él ora y *calla como cordero llevado al matadero*.

Después, *doblando la rodilla ante él, le hacían burla diciendo: ¡Salve, rey de los judíos! Y mientras le escupían, tomaron la caña* que le habían puesto en la mano como cetro, *y le daban golpes en la cabeza.* ¿Quién es este rey de juguete, este monigote inerme, traído y llevado por sus verdugos como si no tuviera más remedio? Es el rey de cielo y tierra, es Dios hecho hombre, que sufre su Pasión porque así lo quiere para la salvación del mundo, porque así lo ha decidido con la libertad suprema del amor, del amor redentor. *Yo doy mi vida porque quiero darla.*

¡Cristo Rey, Cristo Rey! No queremos que sean en vano tanto amor y tanto sufrimiento. ¡Queremos que tú reines sobre nosotros! Queremos que instaures tu reinado soberano sobre nuestras almas: sobre todo lo que somos y tenemos; sobre nuestros pensamientos, sobre nuestros amores y nuestras aspiraciones; sobre nuestros sentidos y nuestros sentimientos; sobre nuestras costumbres y nuestras ocupaciones; sobre nuestras familias y, finalmente, sobre la sociedad entera. Y que así todo nuestro ser se convierta en un clamor que grita al mundo: ¡Viva Cristo Rey!

Jesús se encuentra con su Madre, camino del Calvario. Libro de las Horas de Jeanne d'Evreux, reina de Francia (ca. 1324-28), Jean Pucelle.

La cruz a cuestas

EL TRAYECTO QUE RECORRIÓ Jesús con la cruz a cuestas mide algo menos de un kilómetro, y pasa por las calles estrechas de Jerusalén, que estaban ya atestadas de gentes asomadas a las puertas y ventanas: unos por simple curiosidad, otros para insultar al condenado, y todavía otros que habían creído en él y hoy gemían y se lamentaban. Entre estos estamos nosotros, que lo lloramos con lágrimas de amor y de contrición.

El peso de la cruz era aplastante para un hombre lleno de heridas, fatigado por la noche en vela, febril y devorado por la sed, y recién flagelado, que había perdido no poca sangre. Por eso se tambaleaba y caía una y otra vez, no sabemos cuántas, y lo levantaban a patadas y con insultos: Qué te has creído, desgraciado; levántate de una vez, pobre infeliz… Y así con las groserías más bajas de la jerga popular.

El centurión temió que aquel pobre hombre no pudiera llegar al Calvario, y mandó prender a uno que pasaba, Simón de Cirene, para que le llevara la cruz. Simón se resistió, pero a poco andar le impresionó la serenidad y paciencia de Jesús, que lo miraba con gratitud. Simón fue el primero en encarnar literalmente la palabra del Señor: *El que quiera venir en pos de mí, tome su cruz y sígame.* Recordémoslo cuando alguna contrariedad nos fastidie más, como la de Simón, por lo inesperada y repentina. Grande o pequeña, también será para nosotros –deberá ser– cruz de Cristo.

Llegados al Calvario, los soldados desnudaron a Jesús y lo tumbaron sobre el madero. Y clavaron sus manos y sus pies con largos clavos de albañilería, a golpes de grandes mazos, mientras su sangre les salpicaba los brazos. ¡Madre del crucificado, que oyes esos tremendos golpes uno por uno, no te desmayes, porque ese suplicio es nuestra redención! ¡Manos que curaron toda clase de enfermos, voces que resucitaron muertos, pies que llevaron el evangelio del reino: sed nuestra salvación!

Cristo ya inmóvil sobre la cruz es la imagen de la libertad perfecta: la del amor, la de la entrega. Su portento fue convertir un siniestro patíbulo –como la horca, como el paredón, como la guillotina– en el trono donde reinó el Gran Rey. Así lo había predicho él: *Y cuando yo sea levantado sobre la tierra, atraeré a todos hacia mí.* Esa es nuestra misión como apóstoles: poner a Cristo en la cumbre de todas las actividades humanas, de todos los oficios, de todas las culturas, de todos los mundos habidos y por haber, porque el crucificado es para nosotros el Señor de todo lo creado.

La crucifixión. Libro de las Horas de Jeanne d'Evreux, reina de Francia (ca. 1324-28), Jean Pucelle.

Jesús muere en la cruz

LA CRUCIFIXIÓN ES UNO de los suplicios más horripilantes que haya inventado la crueldad humana. Y somos nosotros, los pecadores, los que clavamos a Cristo en la cruz y lo ponemos así: hecho un solo calambre todo su cuerpo, con todas sus heridas inflamadas, el corazón latiendo a duras penas, los pulmones congestionados, la asfixia progresiva, y la lluvia de insultos y sarcasmos de sus enemigos. ¡Y Cristo está en agonía hasta el fin del mundo!

Desde lo alto de la cruz, él pronunció palabras inmensas, las siete palabras, que nunca meditaremos bastante. Dijo: *Padre, perdónalos, porque no saben lo que hacen.* Ese amor incondicional por los enemigos nos cuesta tanto, que se lo pedimos con la fe del buen ladrón. A ese hombre que creyó en él como no lo hacía nadie salvo María, lo premió así: *En verdad te digo que hoy mismo estarás conmigo en el paraíso*. Ese gran ladrón se robó el cielo con su fe, y otro tanto esperamos hacer nosotros.

Tengo sed: de agua, sí, porque está abrasado por la fiebre; pero más sed tiene de nuestro amor. A su madre que estaba al pie de la cruz le dijo, señalando a Juan: *Ahí tienes a tu hijo*. Somos nosotros los hijos de la madre dolorosa al pie de la cruz: solo por su intercesión amaremos más y mejor a Jesús. Luego: *Todo está consumado*. La redención del mundo se llevó a cabo con el colmo del dolor y del amor; y con una fidelidad extrema queremos que se consume en nosotros la obra de nuestra santificación.

Todavía: *Dios mío, Dios mío, ¿por qué me has abandonado?* Porque Dios aborrece el pecado, y él, el Cordero sin mancha, ha tomado el lugar de los pecadores: por eso su Padre lo desampara.

Pero al hacerlo, lo ama infinitamente: ¡misterio de la cruz! Y por fin: *Padre, en tus manos encomiendo mi espíritu.* El insondable misterio de la Encarnación ha tocado fondo en el abismo de la nada: siendo Dios *se anonadó a sí mismo,* y fue *obediente hasta la muerte, y muerte de cruz.*

¿Qué tiene de extraño ahora que el velo del templo se rasgue, y que caigan las tinieblas a mediodía, y que un temblor de tierra resquebraje las rocas? ¿Acaso la naturaleza no va a reaccionar ante la muerte del que es la Vida misma, acaso las rocas van a ser más duras que nuestro corazón? *Tanto amó Dios al mundo, que le entregó a su Hijo Unigénito.* Se diría que Dios mismo no podía ir más lejos en el intento de ganar esos corazones nuestros, que tanto se hacen de rogar. ¡Basta ya de reservas! ¡Ven, Señor Jesús!

MISTERIOS GLORIOSOS

Cristo resucitado sale del sepulcro. Libro de las Horas de Jeanne d'Evreux, reina de Francia (ca. 1324-28), Jean Pucelle.

La Resurrección del Señor

LAS GARRAS DE LA MUERTE son implacables, pero el que dijo *Yo soy la Resurrección y la Vida* no podía quedar prisionero en ellas. Al amanecer del tercer día, pues, su alma descendió como un rayo del cielo, y se infundió en su cuerpo muerto, que se llenó para siempre de una vida divina, inmortal y gloriosa. Fue como un golpe de eternidad en medio del tiempo, como un estallido de gloria en medio de este valle de lágrimas. ¡Resucitó, el crucificado resucitó! Y ahora nos comunica el principio activo de la gloria eterna: nos entrega las llaves del paraíso.

El resucitado sale a buscar a sus elegidos. Primero a la Magdalena, que está como chiflada de amor y de felicidad. Luego a sus apóstoles, que de puro gozo no pueden creer en lo que están viendo: *creían ver un espíritu*. Pero él es verdadero cuerpo glorioso; por eso les muestra sus llagas, y les pide algo de comer, y come un pez asado ante sus ojos. Porque ellos deben anunciar al mundo que con su cuerpo ha resucitado Cristo, y que con nuestro cuerpo resucitaremos, y que el cuerpo humano es santo porque la gloria de Cristo lo santificó.

A Tomás, el apóstol incrédulo, que estaba ausente, le invita a palpar sus llagas, y le dice: *Tú porque me has visto has creído. Bienaventurados los que sin ver crean.* ¿Quiénes son esos bienaventurados? Somos nosotros, que sin haber visto nunca el cielo abierto ni el rostro de Cristo, creemos firmemente en la gloria de su Resurrección, como si la hubiéramos visto con nuestros propios ojos, y adorándole le decimos con Tomás: *¡Señor mío y Dios mío!*

Después de una nueva pesca milagrosa, Jesús resucitado pregunta a Simón Pedro: *¿Me amas* *más que estos?* Y así por tres veces, porque tres lo había negado Pedro. Y nosotros contestamos de inmediato con él, cuantas veces haga falta, y nos hacen falta muchas: *Señor, tú sabes todo, tú sabes que te amo.* Entonces Cristo hace a Pedro cabeza de su Iglesia, y nosotros amamos también a quien lo sucede, el Papa, el vice Cristo en la tierra.

¡Cristo vive! Su Resurrección es el fundamento de nuestra fe. Nosotros damos el primer testimonio de ella con nuestro ejemplo: cuando estamos contentos, no a ratos sí y a ratos no, según nos sonría o no la vida, sino habitualmente: en las duras y en las maduras, con prosperidad o en la adversidad, ¿por qué?, ¡porque Cristo resucitó, aleluya!, y así lo proclamamos a los cuatro vientos, con el lenguaje de la alegría de los hijos de Dios.

Ascensión, Claude Gillot.

La Ascensión del Señor

Justo antes de subir a los cielos, Jesús da a los apóstoles esta misión: *Id y predicad el Evangelio a todas las gentes.* ¿No es esto una locura: enviar a unos pobres judíos de ese rincón del mundo, sin medios humanos de ninguna especie, a ganar para Cristo a los pueblos y naciones de la tierra entera? Sí, es la locura de la fe y del afán evangelizador, que se ha hecho realidad una y otra vez en la historia, y se hace realidad hoy mismo, por el poder del resucitado.

Pero Jesús ya no debe seguir en la tierra con el mismo ser de antes, el que poseía desde su Encarnación hasta su Resurrección, pues la redención del género humano está consumada.

Ahora debe retornar a su ser eterno en el seno de la Trinidad. *Y mientras ellos le miraban, se elevó hasta que una nube lo ocultó a sus ojos.* Lo perdieron de vista sus ojos, pero no su corazón, ni el nuestro. A partir de ese instante, Cristo está sentado a la derecha de Dios Padre, desde donde ha de venir a juzgar a los vivos y a los muertos, y a poner fin a la historia humana.

En la cumbre de los cielos, él posee ya la gloria que tuvo en el seno de la Trinidad antes de que existiera el mundo. Pero convenía que él fuera glorificado singularmente en su humanidad santísima: en esa misma carne humana que fue golpeada y escupida, azotada y crucificada en el Calvario por nuestra salvación. ¡Sea glorificado el que fue crucificado! En su carne y sangre, en su mente y corazón, ¡gloria al que nació en Belén, gloria al que murió en la cruz! *¡Digno es el Cordero inmolado de recibir el poder, la gloria y la alabanza por los siglos de los siglos!*

En la casa de mi Padre hay muchas moradas, había dicho el Señor, *y cuando me vaya y os haya*

preparado un lugar, vendré y os llevaré conmigo.
Ahora mismo nos está preparando esa mansión.
Estamos aquí abajo por un tiempo, y ese tiempo
es breve, porque *pasa rápido la figura de este mun-*
do. Hay que amar al mundo en que Dios nos
puso, con todos sus valores, con toda su riqueza
y hermosura, pero sin ataduras que nos amarren
a él, porque *no tenemos aquí ciudad permanente,*
sino que esperamos la futura.

Jesús vino al mundo en la humildad de la
carne, y no vino a juzgar al mundo sino a salvar-
lo. Pero su segunda venida, al fin de los tiempos,
será en gloria y majestad, para juzgar al mundo
por el fuego. Y nosotros, que vivimos ahora en
este tiempo de prueba —el tiempo del pecado
y de la gracia, del mérito y de la culpa—, le pedimos su gracia para vivir de tal manera, que
un día podamos ser acogidos en el regazo de su
infinita misericordia.

La venida del Espíritu Santo en Pentecostés,
Charles Nicolas Cochin.

La venida del Espíritu Santo

ANTES DE DEJARNOS, JESÚS había prometido que nos enviaría desde el cielo al Espíritu Santo, que estaría siempre con nosotros. El Espíritu Santo nos puede quedar oculto detrás del Padre y del Hijo, porque carece de representación sensible, y porque no nos evoca relaciones conocidas de parentesco. Pero Él es tan Dios, tan eterno e infinito como las otras dos Personas de la santísima Trinidad, y su obra propia e invisible es nuestra santificación. Por eso una piedad madura debe reconocerlo, amarlo y adorarlo personalmente, y pedirle sus luces, porque lo necesitamos hasta para pronunciar con fe el nombre de Jesús.

Su venida, que ocurrió el día de Pentecostés, fue así: estando reunidos los apóstoles, *sucedió que, de repente, sobrevino del cielo un ruido como de viento impetuoso, y se les aparecieron lenguas como de fuego, que se posaban sobre cada uno de ellos. Y se llenaron del Espíritu Santo, y comenzaron a hablar en otras lenguas,* de modo que les entendían gentes de muchas naciones, que habían venido a Jerusalén.

Y los apóstoles quedaron como borrachos del Espíritu Santo, y de cobardes que eran se convirtieron en valientes, de ignorantes en sabios, de frágiles en fuertes: estaban irreconocibles. Así necesitamos quedar nosotros. Para eso nos lo envió Jesús, para eso se nos infunde en el bautismo y en la confirmación. Y para que también nosotros sepamos predicar a Cristo con ese mismo don de lenguas, es decir, con un lenguaje que los demás entiendan, y antes, para irradiarlo con ese primer lenguaje que es el ejemplo de nuestra propia vida.

Los pobrecitos hombres necesitamos vivir arrodillados ante Dios Espíritu Santo, para que nos enseñe a hacer oración: no sabemos hacerla, no sabemos. Y para que, una vez haciéndola, nos saque de esos puntos muertos en que a veces nos atascamos: nos ilumine en la contemplación sabrosa de los misterios de la fe, y nos encienda en el amor a Cristo. Y para que no nos falten sus inspiraciones y sus gracias actuales, porque nuestras almas claman por más fe y esperanza, por más amor a Dios y al prójimo, por más paz y paciencia y alegría.

¡Ven, Espíritu Santo! ¡Ven, Espíritu Creador, Señor vivificante, Paráclito consolador! Se lo pedimos por intercesión de María, su esposa, porque fue Él quien engendró en las entrañas virginales de ella al Verbo encarnado, Jesucristo nuestro Señor.

La Asunción de la Virgen (ca. 1337–39), Bernardo Daddi.

La Asunción de María a los cielos

A SEMEJANZA DE SU HIJO, también María ha cumplido plenamente la misión única que el Padre le encomendó: dar a luz y criar, enseñar y proteger en su infancia al salvador del mundo, hasta acompañarlo tierna y dolorosamente al pie de la cruz. Por eso, al final de sus días en la tierra ella se adormeció, rodeada de nuestro silencio, y al instante despertó en la cumbre de los cielos, resucitada y glorificada en cuerpo y alma. Y la reciben con gozo Dios su Padre, Dios su hijo y Dios Espíritu Santo su esposo.

Ella, la llena de gracia, en virtud de su maternidad divina había sido preservada de la mancha del pecado original, desde el primer instante de su vida: la Inmaculada Concepción. Por eso mismo, en el último instante de su vida, ella gozó también de este privilegio único: ese cuerpo, que había sido templo y sagrario viviente del Hijo de Dios, tras su muerte fue glorificado en el acto: ella fue conducida de inmediato en cuerpo y alma a la gloria del paraíso.

¿Quién es esta que sube del desierto, bella como la aurora, espléndida como el sol? Es la pequeña esclava del Señor, que ahora es el asombro de los ángeles: ellos rinden a su reina el homenaje de súbditos, mientras el Padre y el Hijo y el Espíritu Santo ven colmada su impaciencia de tenerla junto a Sí, y de abrazarla como la hija, la madre y la esposa bellísima, sin sombra alguna que manche su hermosura.

Y nosotros desde la tierra no nos quedamos cortos, y la admiramos y le cantamos, y le rezamos sin cesar, pidiéndole su intercesión ante el trono de Dios, porque ella no subió al cielo para tomar distancia de nuestra miseria, sino para socorrernos más y mejor. Ella es la mediadora de todas las gracias. Toda súplica que se levanta desde nuestros labios al cielo pasa por la mediación de su corazón misericordioso. Y por ella pasa toda gracia que desciende del cielo a nuestras almas.

Y sin embargo, esa mediación en nada disminuye la de su hijo, sumo y eterno sacerdote y mediador único entre el cielo y la tierra, porque es él quien quiere ser rogado a través de ella. Es él quien nos la dio por madre nuestra: *ahí tienes a tu madre*. Y él sabe que, como seres terrenales que somos, nos atrevemos más en nuestras peticiones si contamos con la recomendación de su propia madre, antes de dirigirnos a su infinita grandeza. Para los humildes no hay cosa más humana que pedir recomendaciones. ¡Santa María, madre de Dios, ruega por nosotros, pecadores, ahora y en la hora de nuestra muerte!

La coronación de la Virgen (ca. 1455), Giovanni di Paolo.

La coronación de María santísima

UNA GRAN SEÑAL APARECIÓ en el cielo: una mujer vestida de sol, y la luna a sus pies, y en su cabeza una corona de doce estrellas. Es la Virgen gloriosa, es la humilde doncella de Nazaret, es la madre del salvador. Su hijo fue coronado de espinas, y por la gracia del hijo, la madre es coronada ahora con una corona donde brillan todos los soles del universo.

Dios te salve, reina y madre de misericordia, vida, dulzura y esperanza nuestra, Dios te salve. Con esta invocación nos dirigimos a ella en el rezo de la Salve, y la llamamos reina, porque ella es la madre del Gran Rey, al que aclamamos así: *Tuyo es el reino y el poder y la gloria por los siglos de los siglos*. ¿Cómo no vamos a hacerla reina nuestra, y a saborear con alegría ese título de su inefable grandeza?

Ven y serás coronada. María, subida a los cielos, es coronada por el Padre y el Hijo y el Espíritu Santo como reina y soberana de todo lo creado, con esa corona de doce estrellas que tanto resplandecen en el cielo. Y en la tierra nosotros la coronamos con rosas, decenas de rosas, rezando con fervor el santo rosario. En las letanías finales de esa oración la invocamos con imágenes muy hermosas que ha forjado la piedad cristiana: causa de nuestra alegría, rosa mística, torre de marfil, arca de la alianza, estrella de la mañana, salud de los enfermos, auxilio de los cristianos… Y al final la llamamos reina varias veces.

Reina de los ángeles, porque ella está más cerca del rostro de Dios que los arcángeles más encumbrados, y ellos reconocen gustosamente su soberanía. Reina de los patriarcas y de los profetas, porque a aquel que ellos desearon ver y no vieron, ella lo abrazó y besó en su regazo materno. Reina de los apóstoles, porque el evangelio que ellos anunciaron de viva voz, ella lo ha irradiado sobre el mundo entero de manera inefable, desde su trono de gracia y de amor.

Reina de los mártires, porque al pie de la cruz de su hijo ella sintió traspasada su alma hasta lo más profundo, con aquella espada que le había predicho el anciano Simeón. En fin, reina de todos los santos, porque ella, desde la cumbre del amor a Dios y al prójimo, lo propaga como un fuego ardiente sobre todo el reino de su hijo, Cristo Rey. Y nosotros, sus hijos pequeños, nos rendimos a la suavidad y dulzura de su soberanía real, y la coronamos una y mil veces como reina de la familia y reina de la paz, como reina del rosario y emperatriz del universo.

LETANÍAS DE LA VIRGEN

Cristo recibe a la Virgen en el Cielo (1554–1627),
Giovanni Battista Paggi.

Señor, ten piedad
Cristo, ten piedad
Señor, ten piedad
Cristo, óyenos
Cristo, escúchanos

Dios Padre celestial   **ten piedad de nosotros**
Dios Hijo, Redentor del mundo
Dios Espíritu Santo
Santísima Trinidad, un solo Dios

Santa María   **ruega por nosotros**
Santa Madre de Dios
Santa Virgen de las vírgenes
Madre de Cristo
Madre de la Iglesia
Madre de la misericordia
Madre de la divina gracia
Madre de la esperanza
Madre purísima
Madre castísima
Madre siempre virgen

Madre inmaculada
Madre amable
Madre admirable
Madre del buen consejo
Madre del Creador
Madre del Salvador
Virgen prudentísima
Virgen digna de veneración
Virgen digna de alabanza
Virgen poderosa
Virgen clemente
Virgen fiel
Espejo de justicia
Trono de la sabiduría
Causa de nuestra alegría
Vaso espiritual
Vaso digno de honor
Vaso de insigne devoción
Rosa mística
Torre de David
Torre de marfil
Casa de oro

Arca de la Alianza
Puerta del cielo
Estrella de la mañana
Salud de los enfermos
Refugio de los pecadores
Consuelo de los migrantes
Consoladora de los afligidos
Auxilio de los cristianos
Reina de los ángeles
Reina de los patriarcas
Reina de los profetas
Reina de los apóstoles
Reina de los mártires
Reina de los confesores
Reina de las vírgenes
Reina de todos los santos
Reina concebida sin pecado original
Reina elevada al cielo
Reina del santísimo rosario
Reina de la familia
Reina de la paz

Cordero de Dios, que quitas el pecado del mundo
Perdónanos, Señor
Cordero de Dios, que quitas el pecado del mundo
Escúchanos, Señor
Cordero de Dios, que quitas el pecado del mundo
Ten misericordia de nosotros

Ruega por nosotros, santa Madre de Dios
Para que seamos dignos de las promesas de Cristo

Te rogamos que nos concedas, Señor Dios nuestro, gozar de continua salud de alma y cuerpo, y por la gloriosa intercesión de la bienaventurada siempre Virgen María, vernos libres de las tristezas de la vida presente y disfrutar de las alegrías eternas. Por Cristo nuestro Señor. Amén.